AF542863

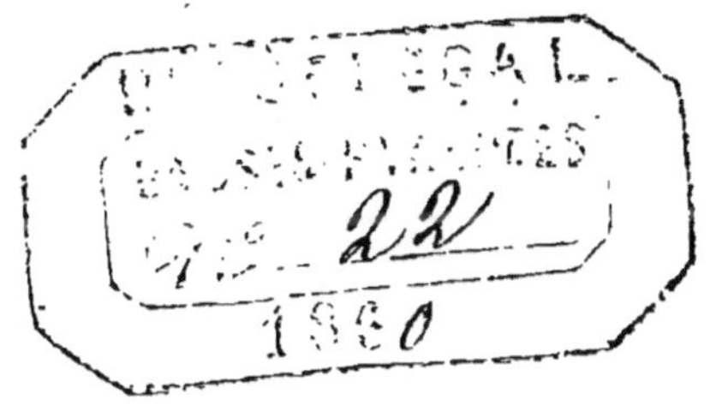

L'ESPAGNE

SOUS

M. O'DONNELL

L'ESPAGNE

SOUS

M. O'DONNELL

PREMIÈRE LIVRAISON

BAYONNE

IMPRIMERIE E. LASSERRE, RUE ORBE, 20

—

1859

Le gouvernement du général O'Donnell ayant interdit l'introduction du *Messager de Bayonne* en Espagne, il s'en est naturellement suivi deux choses : la première, c'est que notre journal est aujourd'hui plus recherché que jamais en Espagne ; la seconde, c'est qu'il nous est impossible de satisfaire avec nos tirages ordinaires toutes les personnes qui nous demandent les numéros contenant les articles incriminés, vu que ces numéros sont épuisés depuis long-temps. Nous avons donc décidé de réimprimer ces articles sous un format plus manuel, non-seulement pour nous mettre en mesure de satisfaire aux demandes, chaque jour plus nombreuses, qui nous arrivent, mais encore et surtout afin de fournir à nos amis le moyen aisé de se convaincre, en nous lisant, de la maladresse et de l'injustice criante dont M. O'Donnell vient de faire preuve envers nous. Il n'a pas voulu d'un journal lui faisant opposition ; eh bien ! le journal se fait *livre* pour le mieux combattre. Il aura de la sorte, outre le journal prohibé, une série de brochures qu'il aura beau prohiber également, mais qui n'en répandront pas moins en Espagne et partout les violences et les scandales de sa dictature. Voilà ce qu'il aura gagné à enfreindre une fois de plus la loi pour nous empêcher de faire parvenir la vérité aux lieux où il lui convient qu'elle ne soit pas connue. Elle le sera par les soins des nombreux amis qui nous aident, et alors, gare à lui !

I

25 Août 1859.

Il vient de se passer en Espagne un de ces faits qui marquent d'un cachet tout particulier une époque, une *situation*, comme disent nos voisins d'au delà des Pyrénées. Voici ce fait, tel qu'il se dégage de la polémique ardente dont en ce moment même il est l'objet dans les journaux de Madrid. Nous ne ferons qu'en extraire en quelque sorte l'essence, avouée par les feuilles de tous les partis ; c'est la seule manière de ne point nous égarer dans ce dédale d'appréciations diverses et de récriminations sanglantes dont chaque courrier de Madrid nous apporte le déplorable spectacle. Ainsi nos lecteurs connaîtront le fait en question, et ils seront en mesure de le juger par eux-mêmes. Nous nous en rapportons à leur bon sens.

On se rappelle le procès récent du ministre M. Collantes. Parmi les innombrables actes d'immoralité qu'on attribuait vaguement à l'administration de M. le comte de San-Luis, sans pourtant en bien préciser aucun, le tout pour expliquer, pour justifier même la révolution de 1854, il s'en trouva *un* enfin au bout de cinq ans, dans ce triste procès, bien manifeste, bien caractérisé. Le délit était flagrant : un vol de près d'un million de réaux avait été commis avec une rare audace et une maladresse remarquable, sous le couvert d'un service public simulé. Cela s'était passé au ministère de M. Collantes. M. Collantes fut donc accusé par le congrès des députés, mis en prison, et soumis à la juridiction du sénat, constitué en cour de justice pour le juger. Ce fut naturellement une grande victoire pour les amis de la révolution, mis aujourd'hui à la tête des affaires. L'immoralité de l'administration San-Luis, dont cette révolution, on se le rappelle, avait fait son mot d'ordre, n'était donc pas un prétexte : un grand acte d'escroquerie avait été commis sous cette administration par un ministre, ou du moins par un haut fonctionnaire. Le procès eut donc lieu avec une imposante solennité ; c'était la première fois que l'article constitutionnel relatif à la responsabilité des ministres recevait son application en Espagne. M. Collantes, habilement défendu par M. Cortina, fut acquitté ; mais le directeur des travaux publics, M. Mora, fut condamné à vingt ans de travaux forcés et à la restitution du million disparu.

Cette sentence ne fut pas plus tôt publiée, que tous les journaux ministériels commencèrent à se déchaîner en invectives contre le sénat ; jamais le mépris pour la chose jugée ne fut porté à un tel degré de violence. Cependant, une fois la responsabilité ministérielle mise hors de cause, le procès ayant prouvé que le vol en question n'avait été qu'un acte isolé, un indigne abus de confiance de la part de M. Mora, commis uniquement à son profit, on cessa de se préoccuper de l'affaire, vu qu'elle ne fournissait pas matière aux scandales autrement plus importants qu'on semblait en espérer. Mais voilà que tout-à-coup M. Mora, résidant à

Londres, à l'abri des poursuites de la justice rendue contre lui (l'extradition n'étant pas établie entre l'Espagne et l'Angleterre), publia dans un journal ministériel ce fameux mémoire ou plutôt ce libelle que nos lecteurs connaissent déjà, et dans lequel, tout en essayant de flétrir son ancien ami et bienfaiteur M. Collantes, il avoue franchement son délit. Il pousse même le cynisme de ses déclarations jusqu'à reconnaître que le million volé n'est sorti du trésor public que pour aller aux mains de son beau-frère M. Pastor, soustrait également par la fuite aux conséquences de sa participation à cette affaire de bagne. C'est déjà ce que le procès avait mis hors de doute.

Mais ce n'est pas encore tout. M. Mora, dans son manifeste, ne se borne pas à insulter M. Collantes. Il prétend que tous les hommes publics en Espagne sont à peu près des bandits ; que l'immoralité y est tellement répandue et sanctionnée par d'illustres exemples, que ce qu'il a fait lui-même, en aidant au vol d'un million, ne saurait être considéré que comme une vétille. Ses coups visent même plus loin et plus haut, au sujet de la destination probable du million escroqué, dit-il, par décision du conseil des ministres. Eh bien! croirait-on que ce mémoire a été répandu à cinquante mille exemplaires par un journal qui soutient le ministère et que le ministère soutient à son tour? Voudra-t-on croire, et voilà qui est encore bien plus singulier, qu'il a suffi à M. Mora de signer ces turpitudes pour être reçu d'emblée dans les rangs de ce qu'on nomme en Espagne *l'Union libérale?* Les feuilles du ministère, ses organes même les plus avoués, n'ont que des éloges pour lui. Au mépris du code, sans égard pour les plus simples convenances, il dispose de ces journaux pour y plaisanter à son aise de la sentence du sénat, pour vanter le bien-être et la sécurité parfaite dont il jouit sur les bords hospitaliers de la Tamise. Il continue en style facétieux ses insultes contre ses anciens amis; et ses nouveaux amis d'applaudir à la force de son caractère, à la justesse de ses raisonnements!

Or de tous ces antécédents si rigoureusement vrais, bien que peu vraisemblables, il se dégage un *fait* capital, car, ainsi que nous le disions tout à l'heure, il suffit à lui seul à caractériser la *situation* actuelle de l'Espagne. Il en ressort d'abord que de tous les actes immoraux imputés au parti modéré, *un seul* est résulté vrai au bout de cinq ans de haineuses recherches. Un autre résultat important est encore à constater : c'est que parmi tant d'hommes publics vaguement accusés de concussion, *un seul*, M. Mora, a été reconnu coupable et par la loi et par son propre aveu, bien que, dans le délit qu'il confesse, il ne se soit réservé modestement que le rôle de complice. Certes, c'est un malheur pour le parti modéré, qui longtemps l'avait compté parmi ses hommes, quoique dans un rang assez subalterne, alors qu'il le croyait pur, et qu'aucune condamnation ne pesait sur lui ; mais qu'après cette condamnation, après son manifeste surtout, le parti soi-disant de l'*Union libérale* l'ait encore accueilli comme un auxiliaire, comme un ami, c'est là ce qui dépasse toute croyance, et ce qui pourtant n'est qu'un *fait*, dont la simple lecture du premier journal ministériel venu suffirait à convaincre les plus récalcitrants. Convenons que pour que de pareillles choses pussent se passer dans un pays sans soulever d'énergiques réclamations, il faudrait que la société y fût bien malade, que le sens moral y fût singulièrement perverti.

Empressons-nous de dire que ce n'est pas là le cas de l'Espagne : la conduite observée dans toute cette affaire par la coterie peu scrupuleuse dans le choix de ses hommes que la réception de M. Mora vient d'enrichir d'un nouveau membre, y est un objet de blâme ou plutôt de dégoût pour tous les honnêtes gens. La raison en est toute simple. Dans tout ceci, il faut bien le reconnaître, la question politique n'est rien, ou du moins n'est que fort peu de chose. Les délits ordinaires, le vol, la calomnie, la trahison, ne sont d'aucun parti : quand on en prend la défense, ce n'est pas la politique seule qui en souffre ; c'est la morale, c'est le bon sens public qu'on outrage. Ici, la question politique disparaît devant l'importance immense de la question sociale.

II

1.er Septembre 1859.

Nous l'avons dit dans un précédent article, ce n'est pas tant sous le rapport politique que sous le rapport social qu'il faut envisager l'attitude vraiment inimaginable que les amis de la situation actuelle de l'Espagne ont prise dans l'affaire de M. Collantes, avant, pendant et après le procès de cet ancien ministre. Nous avons essayé de montrer tout ce que cette attitude, dont témoignent hautement les appréciations des journaux ministériels, sévères pour le sénat, c'est-à-dire pour la loi, pour l'ordre établi, autant que bienveillantes pour M. Mora, c'est-à-dire pour le fonctionnaire condamné au bagne, et par un tribunal compétent et par ses propres aveux, a d'incompatible avec le respect qu'on doit à la justice, aux lois, au pays en somme, car c'est dans le respect de ses lois qu'un pays se respecte lui-même. Cette attitude d'ailleurs n'a rien de bien surprenant pour ceux qui, comme nous, ont étudié à fond la situation actuelle du pays voisin; elle est la conséquence naturelle, nous dirons même nécessaire, de la position prise par ces mêmes journaux dès le commencement de cette malheureuse affaire, avant et pendant le procès. Un fait des plus étranges s'y fait d'abord remarquer : c'est qu'on n'a jamais sérieusement cherché à mettre la main sur ce qu'en termes de droit on nomme le corps du délit, c'est-à-dire sur le million sorti du trésor. Du moment que le ministre dont on tenait absolument à cœur de démontrer la culpabilité n'apparaissait pas coupable, le million en lui-même ne semblait intéresser guère les amis du gouvernement. Donc, les intérêts de l'Etat, les deniers publics n'entraient pour rien dans le procès. C'est ce que M. Cánovas del Castillo, l'un des députés accusateurs, a déclaré en propres termes devant le sénat : « Si vous ne condamnez pas M. Collantes, a-t-il dit aux juges, il faut absoudre tout le monde. » C'était leur dire assez clairement, ce nous semble : « Innocent où coupable, il faut que M. Collantes soit condamné. » Ce même esprit de justice semble avoir animé les agents de l'ordre administratif lors des poursuites antérieures à la mise en accusation. Aussi vit-on alors une chose inouïe : M. Pastor, le beau-frère de M. Mora, signalé à l'unanimité, dès les premières déclarations, comme le détenteur, bien que de bonne foi d'après sa déclaration, de la somme en litige, *ne fut pas arrêté ;* pas la plus insignifiante mesure préventive ne fut prise à son égard. Il continua fort tranquillement, chaque jour, ses promenades au Prado, jusqu'à ce que l'affaire ayant été portée au sénat et étant ainsi devenue un peu plus sérieuse que par le passé, il jugea plus prudent de s'embarquer pour le Mexique. Allez donc maintenant suivre la piste de ce million envolé Dieu et M. Pastor seuls savent où ! Du moins si d'autres le savent, il n'est pas probable qu'ils viendront d'eux-mêmes en avouer la destination, au lieu qu'en tenant M. Pastor sous la main, comme cela était commandé par les plus simples notions du droit, on tenait en quelque sorte le fil conducteur de toute cette ignoble intrigue. La vérité pleine et entière n'aurait pas tardé à se faire jour, même sans les aveux accablants de M. Mora.

Pourquoi donc n'a-t-on pas arrêté M. Pastor ? pourquoi l'a-t-on laissé parfaitement libre de prendre le large ? Mystère !

Ou plutôt, non, ce n'est pas un mystère. En agissant de la sorte, les hommes qui mènent ce que nous hésitons à nommer la politique de l'*Union libérale*, tant c'est une chose en dehors de toutes les idées reçues, n'ont fait que se conformer aux traditions de ce soi-disant parti. Ils ont mis leur intérêt du moment au-dessus de la loi et de toutes les convenances. Cet intérêt, ce caprice si vous voulez, — car on n'en voit pas trop la portée, *un seul* ministre impur pouvant parfaitement se rencontrer même au sein du parti le plus honnête, — leur commandait de ne trouver d'autre coupable qu'un ministre de 1854 : c'était chose convenue, arrêtée dans la *tertulia* du général O'Donnell, sorte de conclave où se traitent les grandes questions d'état. Du moment donc que ce n'était pas l'un de ces ministres qui apparaissait coupable, la loi et les convenances avaient beau réclamer l'arrestation de M. Pastor, il ne fallait pas qu'il fût arrêté, et il ne le fut pas. Dans les grandes comme dans les petites affaires, telle est la doctrine de l'Union : toujours, dans sa conduite politique, vous trouverez l'application rigoureuse de ce principe, et il faut dire que jusqu'à présent du moins elle ne s'en est pas mal trouvée. Ce n'est pas bien flatteur pour l'esprit public de nos voisins, mais cela est : l'histoire contemporaine ne le prouve que trop. Voyez ce que l'Union a fait pour son début en 1854. La prérogative royale lui était alors contraire; elle a soulevé contre la prérogative royale trois régiments de cavalerie d'abord, puis toutes les passions révolutionnaires du pays. Avouez que ce n'est déjà pas trop mal pour un coup d'essai. Ce mouvement insurrectionnel qui tuait la discipline militaire, qui portait un coup fâcheux au caractère national à cause du rôle par trop révoltant que dut y jouer le général Dulce, était de nature à tout bouleverser. Qu'importe? il était commandé par l'intérêt de l'Union, dont les chefs s'étaient mis dans la tête d'être ministres quand même, et le mouvement eut lieu. Dans ce naufrage des institutions que le pays s'était données, le trône fut sauvé par le plus grand des hasards : quelques voix de plus contre elle à l'assemblée, et D.ª Isabelle II n'était plus reine d'Espagne. Tel fut le premier exploit de l'Union libérale, son premier titre à la confiance de S. M. Deux ans plus tard, ce fut à l'assemblée elle-même à expérimenter tout ce dont sont capables pour garder le pouvoir les hommes de l'Union. Cette malheureuse assemblée était aussi devenue en juillet 1856, de même que la prérogative royale en juillet 1854, contraire au chef de ce parti : elle fut purement et simplement mitraillée. C'était dans l'ordre. Le général O'Donnell prétendit alors qu'il n'avait fait que défendre la prérogative royale : il eut le front de se poser en champion du trône, et il se trouva des gens assez naïfs pour ne pas voir que ce qu'il venait de faire alors, de même que ce qu'il avait fait deux ans plus tôt, c'était tout bonnement *renverser un obstacle*. La prérogative royale l'avait gêné en 1854, et il l'avait foulée aux pieds des chevaux : le parlement le gênait en 1856, et il le mettait à la porte à coups de canon. 2

Voilà comment ce parti sait agir dans les grandes occasions. Irait-il donc, dans les petites, s'arrêter à des obstacles aussi futiles qu'un simple article du code pénal ou une exigence quelconque des formes judiciaires? Du moment qu'il était convenu de donner au pays le spectacle peu édifiant d'un ministre accusé de vol, et que M. Collantes avait été élu pour ce sacrifice, il fallait : 1.° qu'il se trouvât des députés assez complaisants pour porter une accusation devant le congrès, et la chose fut bientôt faite : on n'eut que l'embarras du choix; 2.° que personne autre que M. Collantes ne se permît d'être coupable du délit en question. Or, M. Pastor ayant eu la bonne foi d'avouer qu'il avait reçu les bons du trésor représentant le million susdit, et ne s'étant pas même avisé d'immiscer dans l'affaire le nom de M. Collantes, à quoi bon s'occuper de lui ? On ne s'en occupa point le moins du monde. Cependant, le procès suivait son cours, et, en fin de compte, M. Mora a été condamné. Est-ce donc là une affaire conclue? Ce serait méconnaître absolument l'esprit de la situation actuelle de l'Espagne que de se l'imaginer. Nous avons dit dans notre précédent article ce qu'il est advenu de l'arrêt du sénat. Les journaux du ministère y insultent avec fureur. M. Mora s'en moque agréablement dans ces mêmes journaux; il s'y est même porté l'accusateur de son ancien ami, et M. Collantes est plus condamné que jamais dans la haute sagesse des organes ministériels. Si nous en croyons leurs menaces, et nous avons tout lieu d'y croire, le sénat, comme institution, sera sévèrement puni de son manque de docilité. Il a osé gêner les intérêts, si petits qu'ils soient, des hommes de l'Union, et il sera traité, n'en doutez pas, à la façon du trône en 1854, du parlement en 1856, et de la loi électorale en 1858, alors que, nouvellement rappelé aux affaires par suite d'une intrigue de cour dont nous nous réservons de raconter un jour à nos lecteurs l'histoire assez curieuse, le général O'Donnel en biffa d'un coup de plume tous les articles *gênants* pour ces intérêts trois fois sacrés.

III

3 Septembre 1859.

On a vu de quelle façon cavalière le parti placé aujourd'hui en Espagne à la tête des affaires procède dans le soin de ses intérêts particuliers. Dès qu'un obstacle quelconque entrave sa marche, soit qu'il vienne de la loi, soit qu'il vienne des simples convenances sociales, cet obstacle est aussitôt renversé. Ainsi ont été sacrifiés, tour à tour, les droits de la royauté et ceux du parlement, la discipline militaire, la loi électorale, et, en dernier lieu, le respect qui doit toujours entourer les arrêts de la justice. Ceci fait partie d'un système complet, fort commode sans doute, d'autant plus commode que tous les moyens lui sont bons, depuis la révolte à main armée jusqu'aux plus charmantes roueries d'antichambre, mais dont il est à croire que l'Espagne commence à être lasse, car enfin un peuple ne renonce pas aisément à tout ce qui fait l'honneur et la force des nations. L'Espagne ne saurait s'accommoder long-temps d'une dictature non-seulement sans dignité, mais contraire encore, par principe et par une sorte de calcul dont on craint de deviner le but, à tous les nobles instincts du pays. On dirait d'un parti pris de rabaisser le caractère national, d'en tuer l'esprit chevaleresque, d'en bannir toute idée de droiture et de loyauté. Nous ne voudrions pas, Dieu nous en garde! nous faire l'écho des partis en disgrâce, d'ordinaire fort injustes, on le sait, envers leurs persécuteurs; mais, tout en nous bornant à ne considérer que les *faits* connus de tous, que personne ne conteste, convenons qu'ils fournissent malheureusement des raisons plus que suffisantes pour faire craindre, dans un prochain avenir, les choses suivant leur cours actuel, qu'une subversion complète du sens moral ne vienne dans la patrie du Cid prendre la place de l'antique honneur castillan. De tout temps l'impunité a été considérée à juste titre comme un encouragement offert aux mauvaises actions : que serait-ce donc si, au lieu de laisser ces mauvaises actions simplement impunies, elles donnaient droit aux largesses et à la considération des gouvernements ?

Eh bien ! disons-le hautement, appuyé sur des faits publics, incontestés, c'est là le cas de l'Espagne depuis l'avénement au pouvoir des hommes de l'Union. Tout acte immoral dans l'ordre politique, pourvu seulement qu'il soit commis dans l'intérêt de ladite Union, y donne droit à une position plus ou moins élevée. C'est surtout l'apostasie subite, accompagnée des circonstances les plus aggravantes, qui est en grande faveur auprès du ministère ; c'est la suite naturelle des exemples fameux donnés en 1854 ; aussi la race des Judas politiques se multiplie-t-elle chez nos voisins suivant une progression effrayante. Ce n'est plus par des actes isolés, par des apostasies individuelles, qu'opèrent les partis ; c'est par grandes masses qu'ils se jettent en enfants perdus dans cette voie aussi lucrative que peu honorable. Telle a été la conduite de cette foule d'hommes appartenant au vieux parti progressiste, aujourd'hui à la solde du budget, que le bon sens public a flétris du nom si juste de *resellados* (*) : tous, du jour au lendemain, moyennant un emploi quelconque, ont renié leur foi; tous, ils se sont mis, corps et âme, aux ordres du général O'Donnell pour le cas où il lui conviendrait au besoin de mitrailler encore une fois leurs anciens amis.

M. Dulce peut se vanter d'avoir fait école. Il a des disciples dans tous les partis : M. Posada-Herrera, le modéré enragé de toutes les situations qui se sont succédé jusqu'en 1858, en est un des plus brillants : aussi a-t-il obtenu le portefeuille de l'intérieur, dont il se sert comme d'une massue pour écraser tous ses anciens amis qui n'ont pas *osé* le suivre dans sa glorieuse évolution dernière. Quant à M. Mora, sorti évidemment des bancs de la même école, il n'obtiendra certes pas

(*) C'est le nom qu'on donne aux vieilles pièces de monnaie dont l'empreinte a été usée par le frottement, et dont personne ne veut plus, mais que le gouvernement fait rentrer dans la circulation au moyen d'une seconde empreinte (*resello*) qui leur rend leur ancienne valeur légale. Le mot a fait fortune; il est acquis désormais au dictionnaire politique de nos voisins comme le synonyme de *renégat*, ou plutôt comme une dénomination dont le mot *renégat* ne serait que l'équivalent adouci.

une position aussi belle, vu que le service qu'il a rendu à l'Union ne saurait être comparé à celui dont elle a été redevable en 1854 à M. Dulce, et, il y a un an, à M. Posada-Herrera. Chacun fait ce qu'il peut. M. Posada-Herrera, l'un des collègues de M. Isturiz, avait aidé à vaincre les répugnances si naturelles de la couronne, à remplacer ce vieux et loyal serviteur par le révolté de Vicalvaro. M. Dulce avait trahi, c'est le mot, le gouvernement qu'il servait, ce qui est encore mieux; mais les trois services rendus par MM. Dulce, Posada-Herrera et Mora, sont bien de la même nature, cela est certain. A des degrés différents, on y découvre ce même caractère de grandeur et de prudent calcul qui consiste à tirer à l'improviste un coup de pistolet sur des hommes dont on a la veille serré la main, toujours en y trouvant, bien entendu, un avantage personnel. Or les deux premiers services susdits ayant été largement récompensés, il serait contraire à toute logique de laisser le troisième sans récompense. Cela serait d'un mauvais exemple; cela pourrait arrêter en chemin d'autres gens de bonne volonté qui peut-être s'apprêtent déjà à mériter le beau nom de *resellados.* Aussi n'est-il pas douteux que M. Mora n'obtienne dans un bref délai, outre sa grâce, un poste honorable, ne fût-ce que dans les bureaux des travaux publics, qu'il a jadis dirigés. En attendant, c'est par des éloges, par des flatteries de toute sorte, que les journaux du ministère recommandent au pays le bel exemple qu'il vient de donner.

Ce triste sujet est loin d'être épuisé : il nous reste encore à signaler bien d'autres faits tout aussi éloquents que ceux que viennent de nous fournir les exploits jumeaux de MM. Dulce, Posada-Herrera et Mora, noms qui ne sauraient manquer d'être un jour accouplés dans l'histoire de l'Union, — sous le point de vue de la moralité politique, bien entendu, et pas autrement, — comme ils le sont déjà dans l'estime de leurs contemporains. Mais, décidé que nous sommes à ne nous point laisser égarer par de trop longs détails dans cette simple esquisse de la situation actuelle de l'Espagne, nous laisserons pour un autre article la suite des considérations qu'elle est faite pour inspirer à ceux qui, comme nous, s'intéressent véritablement au bonheur et à la gloire de ce noble pays.

P. S. Au moment de terminer cet article, nous recevons un nouveau libelle de M. Mora, que les journaux ministériels s'empressent de répandre à profusion. C'est là une nouvelle imprudence de leur part et une nouvelle illégalité, ce triste personnage n'ayant plus de *personnalité* légale, plus de droits civils depuis sa condamnation aux travaux forcés.

Mais M. Mora ne se défend pas; il n'essaie même pas de se défendre. Comme un homme qui jouirait de tous ses droits, et qui tiendrait absolument à prouver qu'il mérite d'en être privé, oubliant sans doute qu'il vient d'être condamné au bagne comme escroc et faussaire, il s'amuse à raconter des histoires à n'en plus finir; il publie des extraits de différentes lettres particulières qu'il prétend lui avoir été adressées, mais qui ont tout l'air d'avoir été composées par lui-même, et il ne s'occupe pas le moins du monde de fournir les preuves qu'il avait promises à l'appui de son innocence. D'ailleurs, la seule et unique preuve qu'il en pourrait donner, ou du moins la seule manière qui lui reste de prouver qu'il peut être innocent, ce serait de comparaître personnellement devant ses juges pour y porter ses déclarations, et c'est ce dont, par malheur pour sa prétendue innocence, il n'a pas l'air de se soucier. Condamné par contumace, sous réserve d'être entendu dès qu'il se présentera ou qu'il pourra être appréhendé au corps, que tarde-t-il à quitter Londres et à se constituer justiciable devant un tribunal? Le moment ne saurait lui être plus favorable : le ministère l'honore de ses sympathies, la situation le compte au nombre de ses amis. Qu'il se rende donc à Madrid, au lieu d'envoyer des articles scandaleux au *Diario español*, son journal ordinaire.

Il va sans dire que tous les hommes publics cités par M. Mora dans son premier factum à l'appui de ses assertions, l'ont démenti net, et ont, de plus, porté plainte en diffamation et en calomnie contre le journal le *Diario*. Il n'y a que les sieurs X, Z et autres simples consonnes dont, faute de mieux, M. Mora invoque également le témoignage, qui n'aient soufflé mot, et pour cause. En vérité, toute cette polémique commence à devenir chose par trop risible, et, pour notre part, nous ne nous en occuperons plus, en ce qui concerne M. Mora, avant qu'il n'ait été réhabilité par les tribunaux ou qu'il n'ait fait son temps de galères.

IV

6 Septembre 1859.

Parmi les journaux de Madrid que le ministère O'Donnell, d'après une croyance générale fondée sur le nombre infiniment restreint des souscripteurs payants qu'on leur connaît, soutient aux frais du budget, à la seule fin d'entonner ses louanges, il en est un, le *Diario español*, le moins estimé de tous, qui s'est toujours signalé par la crudité cynique de son langage. Enhardi par l'impunité dont un *fiscal* complaisant le laisse jouir au milieu des rigueurs outrées dont il poursuit la presse indépendante, il n'est sorte d'injures qu'il ne se permette contre les adversaires de ses patrons. C'est ainsi qu'il s'est fait une spécialité de la diffamation et un monopole du scandale. Traduit souvent devant les tribunaux comme calomniateur, et presque toujours condamné, jamais, depuis l'avènement de M. O'Donnell, les peines portées contre lui n'ont été rendues effectives. Maintes fois ses rédacteurs ont été fort malmenés, dans les endroits publics, par des gens justement irrités de la grossièreté de leurs attaques. Dernièrement encore, l'un d'eux fut rudement corrigé en plein café Suisse par M. Calvo-Asensio, l'un des plus honorables députés de la minorité progressiste, sans qu'il en soit résulté d'autre conséquence notoire qu'une assez forte enflure survenue à la joue du libelliste châtié. Voilà les hommes du *Diario*. Nous ne dirons pas néanmoins *Ab uno disce omnes*, car nous savons que par fois il s'est glissé parmi eux quelques personnes honorables, bien que ce ne soit pas là ce qu'elles ont fait de mieux dans leur vie. Nous aimons à croire que ce n'a été chez elles que l'erreur d'un moment. Depuis long-temps le nom de cette feuille est devenu à Madrid l'un de ces mots un peu lestes qu'on n'ose plus risquer en société de gens comme il faut. Mis au ban de la plupart des journaux non salariés, elle ne doit qu'à la communauté de sentiments hostiles envers le parti modéré qui l'unit aux organes des opinions extrêmes, d'être encore nommée quelquefois par eux, bien qu'avec une répugnance manifeste; autrement, il est à croire, pour l'honneur du journalisme espagnol, que l'exclusion dont l'ont frappée la plupart de ses collègues serait aussi complète, aussi absolue, qu'elle a été méritée.

Or, ce journal, le digne organe de M. Mora, s'est mis en grande colère au sujet de notre premier article sur la situation actuelle de l'Espagne, et il l'a fait éclater dans le langage insolent qui lui est ordinaire. On sent bien à quel point ce langage, employé à distance convenable, risque peu d'encourir les désagréments douloureux qu'il a souvent attirés aux hommes du *Diario;* on comprend également que ce ne sont pas les appréciations d'un pareil journal qui pourraient nous arrêter un seul moment dans notre voie. En Espagne, où la défense n'est point permise lorsqu'il s'agit de repousser les imputations calomnieuses de ce *bravo* ministériel, placé, comme de juste, au-dessus des lois, on comprend à la rigueur que ses insultes puissent être considérées comme ayant une certaine portée ; quant à nous, dont heureusement la position est tout autre, nous ne sommes pas plus émus de ses criailleries que nous ne le serions des aboiements d'un roquet mal appris. D'ailleurs la colère du *Diario* nous flatte et nous amuse au plus haut point : d'abord parce qu'elle prouve que nous avons frappé juste à l'endroit des faiblesses de ses protecteurs ; puis parce que c'est réellement une chose dont nous avons lieu d'être fier que de partager l'inimitié dont cette feuille poursuit les premières illustrations de l'Espagne. N'en eussions-nous point d'autre, ce serait déjà pour nous, dans ce pays que nous aimons, un brevet d'honorabilité.

Que le lecteur nous pardonne ce léger épisode ; il ne s'est que trop prolongé, vu l'importance minime du journal dont, par exception, nous avons bien voulu pour cette fois nous occuper. Laissons donc là le *Diario,* et continuons la suite de nos appréciations sur la domination de la soi-disant *Union libérale.*

Quel intérêt si puissant le ministère O'Donnell a-t-il pu avoir à laisser courir, à répandre plutôt à cinquante mille exemplaires, cette insinuation si grave du premier mémoire de M. Mora au sujet de la participation du conseil des ministres de 1854 dans le vol du million qui a donné lieu au procès Collantes ? Nous disons *le ministère* et non pas *M. Mora*, car, quant à lui, on ne saurait y voir qu'un instrument tout à la fois bien et mal choisi : bien choisi, par la raison que, n'ayant plus rien à perdre en fait de considération tant qu'il ne se sera pas réhabilité devant les tribunaux, il n'a plus rien à ménager et qu'il peut servir à tout; mal choisi, par suite de cette même déconsidération profonde dont l'ont frappé et l'arrêt du sénat et ses propres aveux. Evidemment il n'est plus en état d'obtenir la moindre créance; mais il peut faire du scandale, il en a fait, nous ne devons pas nous le dissimuler, et c'est là apparemment ce qu'on a cherché. Mais dans quel but, encore une fois? Ce n'est certes pas dans l'intention de flétrir les ministres de 1854, du moins pour ce qui a rapport à l'affaire du million volé. On ne saurait se flatter de l'espoir absurde de faire croire au public que sept ministres, fussent-ils de vrais Cacus, se soient mis d'accord pour s'approprier et se partager entre eux un pauvre million de réaux (250,000 fr. à peu près)! La somme revenant à chacun eût été trop minime pour les décider, même dans l'hypothèse posée tout à l'heure, à courir les risques d'une telle infamie, sans compter qu'ils auraient eu encore à déduire du fonds commun la part revenant à M. Mora pour ses droits de courtage : il n'est pas homme à faire bon marché de ses profits légitimes; du moment qu'il avoue avoir mis la main à ce tripotage, il est tout simple que cela ne se soit pas fait gratis. Il est encore moins croyable que le ministère tout entier y ait trempé dans le seul but de faire un cadeau gracieux à M. Collantes. On sent donc bien à quel point cette supposition d'un profit personnel des ministres ou d'un seul ministre dans le vol commis est inadmissible; d'ailleurs, parmi ces ministres il y avait des hommes, entr'autres M. le marquis de Molins et M. Calderon de la Barca, dont la probité n'a jamais été mise en doute même par les organes les plus avoués de la calomnie, tels que le *Diario español.* Donc, pour qu'ils eussent souscrit audit tripotage, pour qu'ils y eussent prêté leur concours direct, il aurait fallu que des considérations majeures, qu'un intérêt d'Etat leur eût commandé un si pénible sacrifice.

Quel pouvait être cet intérêt, ou, pour parler plus clairement, à qui était donc destiné ce million que M. Mora, par pure obéissance à un ordre qu'il croyait émané du conseil des ministres, s'est prêté de si bonne grâce à soustraire du trésor par une fraude? Voilà ce que chacun aurait dû se demander à la vue des révélations de M. Mora, si toutefois ces révélations eussent valu la peine d'être prises au sérieux. Ce n'est pas ainsi que nous les envisageons en elles-mêmes : nous les tenons, quant à nous, pour parfaitement calomnieuses, vu la source impure d'où elles viennent; mais la question n'est pas là. Ces insinuations, tout absurdes et odieuses qu'elles puissent être, et dont l'intention apparente n'a été que trop saisie, ne sont parvenues à la connaissance du public, *au prix d'une violation flagrante de la loi*, remarquez-le bien, que par les soins officieux d'un journal ministériel. La responsabilité en est donc toute à ce journal, ou plutôt au ministère qui, même dans la supposition la plus favorable, a laissé faire ce journal. Dans quel but le ministère a-t-il agi ainsi, encore une fois? Au premier abord, la chose paraît inexplicable; mais le *fait* existe, cela est évident. Bornons-nous donc pour le moment à en prendre note. Ce n'est qu'en rapprochant ce fait de plusieurs autres, d'une nature analogue, que nous parviendrons peut-être à les expliquer tous par un mobile commun, et qu'un peu de jour pourra enfin se faire dans cette énigme ténébreuse et parfois sanglante qu'on a surnommée la *politique* du général O'Donnell.

V

10 Septembre 1859.

Lorsqu'en terminant notre dernier article sur la situation actuelle de l'Espagne, nous parlions de cette *énigme* ténébreuse et parfois sanglante qu'on a surnommée *la politique du général O'Donnell*, ce n'était pas, ainsi que cela pourrait sembler au premier abord, une façon abrégée de dire *la politique du cabinet qu'il préside*. C'était bien sa politique à lui, sa politique purement personnelle que nous entendions désigner par ces mots; car à vrai dire, et c'est encore là un des *faits* les plus saillants de cette situation étrange, le général O'Donnell, tout en se donnant des collègues pour la forme, s'est arrangé de manière à garder toute sa liberté d'action, ou plutôt à rester tout seul à la tête des affaires. Le ministère c'est lui. Soit calcul, soit impossibilité réelle de se mieux fournir dans le cercle assez restreint de ses intimes, ce n'est pas à proprement parler des collègues qu'il s'est donnés, mais des commis, ou, comme on dit en Espagne, des *sacristains*. Que le lecteur en juge lui-même par ces rapides esquisses faites d'après nature.

Voyez tout d'abord briller comme un astre, au département des affaires étrangères, D. Saturnino Calderon-Collantes, plus généralement connu sous le nom de *D. Magnifico* à cause des cravates mirobolantes et des gilets somptueux dont il émerveille souvent les yeux éblouis de ses collègues du sénat. Vieilli dans son rôle de sacristain sous d'autres maîtres, mieux que personne il en connaît les déboires ; mais, attaché de toutes les forces de son âme aux grandeurs humaines et ne pouvant plus s'en passer, il déploie à leur poursuite toutes les ruses d'une nature souple et accommodante au suprême degré, en dépit de sa mine des plus rébarbatives; aussi il entoure aujourd'hui le général O'Donnell de cette même obséquiosité servile dont il a long-temps assiégé le maréchal Narvaez. C'est là, après le chef, l'homme important du cabinet. Son discours au sénat contre la loi de la presse, dite *la loi Nocedal*, dont il est maintenant au conseil l'un des plus fermes soutiens, et dont il se sert admirablement pour bâillonner les journaux de l'opposition, a mis le comble à sa renommée d'orateur ampoulé et vide. Il eut le bon esprit d'y placer tant bien que mal le beau vers de Virgile :

Una salus victis, nullam sperare salutem!

et cet appel indirect aux résolutions extrêmes enfantées par le désespoir, qui pouvait passer à la rigueur pour une docte flatterie à l'adresse des révoltés de Vicalvaro, suffit à lui assurer la bienveillance de l'Union libérale, qu'il eut encore le soin d'augmenter par toute sorte de petits services rendus à M. O'Donnell lors de la dernière crise ministérielle. Eh! voyez pourtant l'injustice des partis : avec tous ses mérites, il n'en est pas moins l'un des hommes les plus antipathiques à ses nouveaux alliés, les progressistes convertis. Quant à ceux qu'on a nommés les *resellados* blancs, c'est-à-dire à ceux qui, comme lui-même, ont déserté les drapeaux du vieux parti modéré, il y a bien plus long-temps qu'ils ne peuvent le souffrir. Toujours il en a été de même : c'est son étoile. Ajoutons que cet excellent *Don Magnifico* est affligé d'un frère puîné, lancé également dans la haute politique, qu'il a toujours su concilier avec les soins de son avancement dans la carrière de la magistrature. Depuis long-temps les journaux l'ont pris pour leur plastron, par suite de ses mésaventures parlementaires, de même que son aîné est devenu pour eux un intarissable sujet de plaisanteries sous le point de vue de son peu de ressemblance avec feu M. de Metternich, dont il est considéré comme l'antithèse vivante. Elu premier vice-président du congrès actuel lors de sa constitution provisoire, par égard pour le portefeuille fraternel, D. Fernando Calderon-Collantes conçut, dit-on, la pensée hardie de supplanter son président, le vénérable M. Martinez de la Rosa, au moment de sa constitution définitive ; et, en effet, le terrain ayant été préparé convenablement, lui s'étant beaucoup remué, D. Saturnino l'ayant pas mal aidé, il réussit à se faire nommer.... *quatrième* vice-président : de là lui vient son majestueux sobriquet de *Ferdinand IV*.

Après D. Saturnino, vient, dans l'ordre de l'importance au cabinet, M. Posada-Herrera, le ministre de l'intérieur. Nous avons dit récemment ce que c'est que M. Posada-Herrera. Fiscal zélé au conseil d'état sous le dernier ministère Narvaez, il a le bonheur de servir aujourd'hui avec un zèle non moins empressé les petites rancunes et les choix sans appel de M. O'Donnell en matière d'élections. C'est lui qui fait exclure de l'urne aléatoire des noms tels que ceux de M. Nocedal, son chef et son ami de la veille; de MM. Benavides, Llorente, Barzanallana, Pastor (D. Luis), tous anciens ministres, tous s'étant fait depuis long-temps dans la tribune et dans la presse, aussi bien que dans les affaires, une juste réputation; de M. Salamanca enfin, ancien ministre également, et en outre l'un des hommes qui ont le plus fait sous le règne actuel pour la prospérité industrielle, pour la richesse et le véritable progrès du pays. M. le marquis de Pidal lui-même, dont tous les partis s'accordent à reconnaitre et la droiture et le talent élevé, n'a dû qu'à son étroite parenté avec M. Mon, autant qu'à la fidélité robuste de ses électeurs asturiens, de n'être pas écarté comme les autres. C'est encore lui qui fait nommer députés les candidats désignés dans la *tertulia* du général parmi les *resellados* les plus présentables. C'est toujours lui qui prêche le plus hardiment par la parole, et par son propre exemple, la sainte doctrine de l'apostasie. Vivement interpellé au congrès, l'année dernière, sur sa participation prolongée pendant quinze ans — toute sa vie politique! — aux abus et aux prétendues violences des administrations modérées, il eut le courage de répondre que pendant ce long laps de temps, et juste jusqu'au moment de son entrée au service du général O'Donnell, il avait *dissimulé* ses secrets penchants pour le libéralisme expansif qu'il professe, en attendant mieux. Voilà l'homme. D'après l'un de ces mots spirituels qui courent parfois tout Madrid sans qu'on sache jamais d'où ils sont sortis, et auxquels on aime à attribuer une auguste origine, c'est *le général Dulce en habit noir*.

Le portefeuille de la justice et des cultes est échu à M. Abello. M. Abello! s'écriera assurément le lecteur; connais pas! Jamais nom pareil n'a été inscrit à la *Guia de Foras-*

teros, l'almanach royal de l'Espagne ; jamais il n'a figuré dans la *Gazette* au bas d'aucun des nombreux décrets par lesquels on destitue tous les jours, au grand scandale du pays, les magistrats les plus inamovibles. Eh bien ! oui, le lecteur a raison : c'est que M. Abello ne se nomme pas M. Abello, ou plutôt si : il se nomme bien M. Abello, mais il se fait appeler M. Negrete. Pourquoi ce changement de nom ? c'est le secret de l'auteur ; et, bien que cela ressemble pas mal au secret de Polichinelle, nous devons le respecter. Quant à ce nom de Negrete, qui n'est pas encore le seul dont il dispose, puisqu'il possède, en outre, ceux de Gomez et de Fernandez — on voit qu'il n'en est pas mal pourvu — on ne dira certes pas qu'il n'est pas connu en politique : hélas ! il ne l'est que trop. Il l'est à tel point, que lorsqu'un de ses amis vint un jour tout essoufflé lui annoncer que le général O'Donnell l'avait sous ce nom désigné à S. M. pour être ministre avec lui, il s'écria dans un élan de rude franchise : « Ah bah ! il est donc fou ! » (*Historique.*) C'est qu'il se rappelait la façon devenue proverbiale dont il en avait agi envers M. Bravo-Murillo, alors qu'étant ministre sous sa présidence en 1849, et qu'une grave question de cabinet venait d'être mise aux voix à la chambre des députés, il y vota avec l'opposition. Ce coup de théâtre, qui d'ailleurs n'aboutit qu'à le faire tomber assez piteusement de ce poste trop élevé pour lui, n'est pas le seul dans l'histoire infiniment curieuse de sa vie publique. Ajoutez que cette position de ministre, à laquelle il avait grimpé sans préparation aucune par un de ces bonheurs qui ne sont possibles qu'en Espagne, il la devait surtout à l'amitié quasi-fraternelle de M. Bravo-Murillo, son compatriote et son camarade d'enfance. Chez lui d'ailleurs cet acte d'ingratitude et cette excentricité d'aller voter contre lui-même, n'ont pas la portée qu'ils auraient chez tout autre, car c'est bien l'homme le plus excentrique que l'Estremadure ait jamais produit. On ne saurait s'imaginer le sans-façon tout-à-fait pittoresque avec lequel il reçoit les évêques dans son cabinet ministériel, surtout lorsque ces réceptions ont lieu après ses repas. On prétend à Madrid que le nonce de Sa Sainteté lui-même a eu souvent à consulter le dictionnaire de l'académie sans parvenir à y trouver certains mots fort expressifs que, dans ses dernières conférences sur le règlement des affaires ecclésiastiques, il aimait à appliquer au Saint-Père. Lorsqu'il siége aux chambres sur le banc bleu des ministres, on ne se lasse pas d'admirer le désordre inouï de sa toilette et ses grands airs tragiques, auxquels ajoute encore une longue chevelure toujours ébouriffée : cela fait un contraste charmant avec la calvitie austère et la raideur pédantesque de son collègue de l'intérieur, type achevé du *magister* de village, aussi bien qu'avec le sourire passablement niais de son collègue du *Fomento*. Cette épaisse chevelure en broussaille, jointe aux souvenirs d'une sorte de pèlerinage sentimental qu'il prétend avoir fait dans sa jeunesse aux aspérités de la Sierra-Morena, et qu'il se plaît à raconter chaque fois qu'il monte à la tribune, dans des termes empreints d'un lyrisme grotesque, l'a fait surnommer *Cardenio*. A tout prendre, c'est encore un personnage fort réjouissant.

On s'imagine sans peine de quel poids énorme les avis de tels collègues doivent être au conseil que préside M. le général O'Donnell; mais attendons un peu, car nous avons laissé le bouquet pour la fin. Parmi ces individualités tout-à-fait subalternes, — *servum pecus,* — fleurit un certain marquis de Corvera, le ministre du *Fomento,* homme honorable s'il en fut, au sourire béat, stéréotypé sur une face épanouie, à l'embonpoint abbatial, portant un regard placide sous ses lunettes d'or. Doué d'une de ces simplicités rares par le temps qui court, c'est bien là un de ces êtres fortunés auxquels appartient de droit le royaume des cieux, sans compter qu'il est fort riche et d'une illustre naissance. Le sang de nous ne savons plus quel petit roi maure coule dans ses veines, parfaitement chrétiennes d'ailleurs. En attendant qu'il aille, comme de juste, prendre sa place en paradis, il se prélasse tout comme un autre, et le plus sérieusement du monde, dans son fauteuil doré au conseil de la couronne, où il a souvent l'honneur de donner à rire à son auguste souveraine par ses discours et ses projets de réformes d'un comique parfait. Il va sans dire que, vu la portée immense qu'on connaît à M. le marquis, il a été mis à la tête des travaux publics, de l'instruction, des beaux-arts, du commerce, de l'agriculture et de l'industrie, toutes choses fort secondaires, comme on voit. Son innocente manie est de se croire réellement ministre. On sent combien cette prétention saugrenue fait sourire de pitié ses six compagnons d'infortune, plus au courant que lui du rôle modeste qui leur est réservé à tous. Néanmoins, on l'aime au cabinet, dont il fait l'orgueil et la joie. Malheureusement, comme il n'y a rien de parfait en ce bas monde et que le soleil même a des taches, un tout petit nuage, mais un seul, vient obscurcir cette vie si pure : c'est la volte-face soudaine par laquelle il s'est élancé, à la stupéfaction générale, des bords les plus reculés d'une modération frisant le carlisme jusqu'aux sommets les plus escarpés de l'Union libérale. En effet, bien des fois, lors du premier ministère de M. O'Donnell, le noble marquis avait daigné défendre devant le jury le fameux petit journal satirique *el Padre Cobos*, la terreur dudit général, et cela par d'éloquents discours qui étaient bien à lui, car il les avait payés à beaux deniers comptants et les avait parfaitement appris par cœur, ce qui n'est pas déjà d'un homme tout-à-fait ordinaire.

Auprès de tels personnages, on regrette de rencontrer le ministre des finances, M. Salaverria, fonctionnaire laborieux, intelligent et d'une grande probité, dont le seul tort est de n'être pas à sa place à ce poste éminent. D'abord il n'est pas, il n'a jamais été, il ne sera jamais de sa vie un homme politique. Ce n'est certes pas faute de capacité, mais la parole lui manque : non pas qu'il soit muet, Dieu merci; mais la vue d'un public quelconque, fût-il composé de trois personnes, le met dans des transes mortelles. Aussi sa voix ne se fait-elle jamais entendre au conseil des ministres, où elle leur serait réellement utile : c'est la contre-partie de son collègue du *Fomento*, dont le babil importun et tout-à-fait sans conséquence les empêche de travailler. On a dit de M. Salaverria qu'il est au ministère comme un poisson rouge dans un pot de fleurs; mais le fait est qu'il vaut cent fois mieux que son entourage. Ce serait sans aucun doute un excellent chef de division, un directeur modèle: on se verrait bien embarrassé pour en faire autant des autres.

Quant au ministre de la marine, M. le général Mac-Crohon, tout ce qu'on en peut dire, c'est que, n'ayant jamais été ni marin ni homme d'état, il passe pour être un aide-de-camp *fidèle* de M. O'Donnell, ce qui n'est pas un mince éloge pour un homme de l'Union.

Pour ce qui est du général O'Donnell, il s'est naturellement réservé la haute direction des affaires militaires. Avec de pareils collègues on conçoit qu'il passe au ministère pour un aigle politique, de même que parmi les autres généraux de Vicalvaro, il peut être considéré à la rigueur comme un foudre de guerre. Il est temps néanmoins que nous nous occupions un peu de ce personnage réellement important, malgré la réputation qu'on lui a faite, à tort selon nous, d'homme sans portée, manquant d'esprit de suite et d'ambition; mais ce vaste sujet ne saurait tenir dans un bout d'article. Ce sera, si le lecteur le veut bien, la matière d'une prochaine étude biographique à rendre jaloux les héros de Plutarque.

VI

20 Septembre 1859.

Nous n'en avons pas fini avec le thème fécond et éminemment significatif de la solitude que M. le général O Donnell s'est faite au sein du ministère qu'il préside. Dans un précédent article, nous avons envisagé cette solitude seulement au point de vue de l'insuffisance notoire de ses collègues, que nous avons fait connaître au lecteur par des portraits assurément peu flattés, mais dont nous garantissons d'ailleurs la parfaite ressemblance; il nous reste encore à prouver que M. O'Donnell aurait pu infiniment mieux choisir, s'il l'avait voulu — puisqu'il a souvent assuré qu'il jouissait alors, comme aujourd'hui, de la confiance la plus illimitée, *omnimoda*, de la couronne, sans sortir le moins du monde du petit cercle formé par ses amis de l'Union libérale; car, si bas que cette coterie soit tombée en fait d'importance politique, il ne faut pas non plus s'imaginer qu'elle en soit réduite à des nullités aussi désespérantes qu'un Don Magnifico ou un marquis de Cervera : ce serait trop fort. Voyons donc un peu ce que le bon sens le plus vulgaire aurait pu conseiller à M. O'Donnell au moment de proposer à S. M. la formation d'un ministère sous sa présidence, au lieu d'écarter plus ou moins poliment, comme il l'a fait, tous les hommes sérieux du soi-disant parti dont il est le chef avoué.

Il avait d'abord, tout près de lui, M. Mon, l'un des personnages les plus importants de l'Espagne, sans contredit, et dont nous nous garderons bien d'amoindrir la taille politique, bien que nous soyons loin d'approuver la marche un peu en zig-zag qu'il a cru convenable de suivre depuis ce que nous devons appeler familièrement sa dernière brouille avec le maréchal Narvaez en 1849. Néanmoins, et tout en n'ayant pas l'honneur d'être les amis de M. Mon, nous pouvons dire hardiment, car cela est de toute évidence, qu'il aurait fait un tout autre ministre des affaires étrangères ou des finances que les titulaires actuels. Or, M. Mon a été envoyé représenter l'Espagne à Paris. Serait-ce à dire *qu'il n'a pas voulu* être ministre avec M. O'Donnell? cela n'est guère probable, sans compter que cela ne serait pas bien flatteur non plus pour le chef du cabinet. Certes, Paris est un séjour de délices; un ambassadeur d'Espagne, ayant 140,000 fr. à dépenser tous les ans aux frais de l'Etat, peut y vivre noblement, tout en servant bien son pays, comme le fait M. Mon. Mais M. Mon n'est pas un de ces hommes à vues étroites, *dediti ventri atque somno*, selon le mot de Salluste, qui préfèrent leurs aises personnelles au triomphe d'une pensée politique et au saint amour de la patrie. Le poste d'ambassadeur, si élevé qu'il soit, ne vient qu'en seconde ligne après celui de ministre. Donc, si M. Mon n'est pas ministre avec M. O'Donnell, c'est qu'apparemment M. O'Donnell a mieux aimé l'éloigner, bien que de la façon la plus polie. Et d'un.

Le général O'Donnell avait encore sous la

main, qu'on nous passe le mot, M. Rios-Rosas, son collègue au ministère de 1856, orateur éminent, et dont la parole ardente, d'un entrain électrique, est faite pour dominer les foules. Peu accommodant de sa nature, doué d'une volonté de fer, M. Rios-Rosas a dû naturellement être mis encore plus à l'écart que M. Mon : aussi, l'a-t-on envoyé à Rome, où il défait en ce moment auprès de Sa Sainteté l'œuvre récente de ce même M. Mon, son collègue actuel dans la haute diplomatie. Voilà encore une de ces contradictions flagrantes, qui déconsidèrent toujours aux yeux du pays la politique et les hommes de l'Union. Et de deux.

Il avait encore M. Bermudez de Castro (D. Manuel), l'une des rares capacités financières de l'Espagne. Bien que jeune encore et plein d'ardeur, on l'a envoyé se reposer au conseil d'Etat, poste honorable, dont, par parenthèse, il n'a pas voulu. Et de trois.

Il avait encore M. Pacheco, son collègue en 1854. M. Pacheco passe, à juste titre, pour être l'un des plus savants jurisconsultes du pays; depuis long-temps il compte au nombre de ses plus brillants et ses plus solides orateurs. Deux fois il a occupé avec honneur le poste difficile d'ambassadeur à Rome; il est jeune, il se porte bien, et pourtant il n'en a pas moins été rélégué au conseil d'Etat, sorte de Panthéon politique où l'on embaume et l'on enterre provisoirement les grands invalides du parti vainqueur. L'ancien président des ministres de 1847, le chef, ou, comme on dit encore, le *pontife* des puritains, bien que le puritanisme ne soit plus qu'un souvenir dans l'histoire, commence, dit-on, à secouer son linceul officiel et à essayer de briser du front sa pierre tumulaire. Décidément il donne, peut-être a-t-il déjà donné sa démission. Et de quatre.

C'est probablement afin de s'épargner un signe de vitalité dans ce genre que M. O'Donnell s'est gracieusement empressé de tirer lui-même du tombeau un de ses morts, autrement dit, de ses conseillers d'Etat, M. Pastor Diaz, non pas pour le garder près de lui, fi donc! mais pour l'envoyer en Portugal remplacer M. Alcala Galiano, l'une des deux plus vieilles gloires vivantes de la tribune espagnole. L'autre est M. Martinez de la Rosa, nom qu'on ne saurait prononcer sans un affectueux respect. On a voulu enterrer M. Galiano dans la niche toute chaude encore que vient de laisser son successeur à l'ambassade de Lisbonne; mais il s'y est bravement refusé, en homme qui est bien décidé à vivre. Mais revenons à M. Pastor Diaz. C'était là, de même que M. Rios-Rosas, un des fidèles collègues du général O'Donnell au ministère de 1856; c'était un orateur justement renommé, un écrivain profond, bien qu'un peu nuageux, et l'un des rares poëtes dont puisse s'enorgueillir le parti de l'Union, qui n'est pas fort, tant s'en faut, en fait de littérature. Cependant, c'est encore là un d'écarté. Et de cinq.

M. Mayans, à qui, dit-on, le dernier changement ministériel a été dû en grande partie, ce qui ne l'a pas empêché d'être encore plus écarté que les autres, complète la demi-douzaine.

Voilà pour les sommités du parti de l'Union, quant *au civil.* Restons-en là pour le moment, d'autant plus que

Le reste ne vaut pas l'honneur d'être nommé.

Voyons maintenant ce qui en est pour *le*

militaire. A peu près c'est toujours la même chanson, ou, pour parler plus militairement, la même tactique; et bien que cette tactique soit assez expressive par elle-même pour se passer de commentaires, disons en deux mots qu'elle consiste à mettre en avant les médiocrités, ainsi que les gens dont on est sûr quand même, et à laisser un peu dans l'ombre, toujours bien loin, le plus loin possible du pouvoir réel, les hommes ayant quelque valeur. Ici notre tâche commence à devenir plus difficile que par le passé. Il s'agit de l'emploi possible de la force armée; et outre que la discipline militaire a toujours été pour nous chose infiniment sérieuse, et non pas une affaire de circonstance, il va sans dire que nous n'avons jamais entendu juger les intentions de qui que ce soit, encore moins des hommes qui ont le dangereux honneur de gouverner les autres. Ce ne sera donc pas notre faute si des *faits* que nous mettons en relief il ressort des conséquences capables de porter atteinte aux intentions présumables de ces mêmes hommes. Ceci posé, continuons.

Sans être précisément l'un des *douze hommes de cœur* qui seuls ont fait, au dire de

M. O'Donnell, la révolution de juillet 1854, il est évident que le capitaine-général de marine D. Francisco Armero figure au premier rang parmi les personnages importants de l'Union libérale. On connaît l'estime et l'affection particulière dont S. M. honore l'illustre amiral. Il est peu d'hommes politiques à qui on rende plus généralement justice en Espagne, du moins quant à ce qui concerne les qualités morales, qui en font un parfait gentilhomme. Eh bien! M. Armero est mis on ne peut plus de côté. Le portefeuille de la marine étant venu à vaquer, comme on sait, par la brusque sortie de M. le général Quesada il y a quelques mois, c'était une occasion propice pour M. O'Donnell de se donner enfin un collègue sérieux. On sait de bonne source qu'il ne l'a pas même essayé. Il est fort probable que, quant à M. Armero du moins, cela ne l'eût conduit à rien, vu qu'ayant lui-même présidé un cabinet, il se serait, sans aucun doute, excusé sur cette raison, malgré les exemples de MM. Martinez de la Rosa, Isturiz, Pacheco, Lersundi, qui n'ont pas dédaigné de devenir simples ministres après avoir été présidents du conseil; mais le fait est qu'il n'a pas voulu de M. Armero auprès de lui, bien que l'entrée, — la seule tentative de sa part pour faire entrer au ministère cet homme d'état si connu par sa loyauté, si peu fait pour remplir au conseil les fonctions modestes d'un *sacristain*, aurait suffi assurément à apaiser bien des craintes, à éteindre bien des bruits alarmants.

Parmi les généraux de Vicalvaro, il en est un que sa jeunesse relative, son courage à toute épreuve, le dévouement chevaleresque dont il a témoigné en mainte occasion, ont rendu sympathique à tous les partis, malgré des errements momentanés, parfois bien excusables : c'est le maréchal Serrano. M. Serrano a sans doute des adversaires politiques; il n'a pas d'ennemis. Chacun le sait incapable d'une trahison réfléchie, d'une de ces froides vengeances qui, mûries dans l'ombre et le silence pendant des années, éclatent comme une bombe au moment où l'on s'y attend le moins. Toujours il porte, comme on dit en Espagne, le cœur sur la main, ce qui est le propre d'un brave soldat. Soit hommage rendu à ces belles qualités, soit par toute autre raison, M. Serrano a été nommé directeur-général de l'artillerie. C'est sans doute l'une des charges les plus honorables dont un général puisse être investi; mais, il faut bien le dire, c'est aussi celle d'où il est le moins possible à un général d'imposer à un moment donné la loi à un ministère. De tout temps, l'artillerie, de même que le génie, a été en Espagne, comme partout, admirablement disciplinée. Ce beau corps, l'honneur de l'armée espagnole par l'instruction, par la tenue, par la discipline surtout, n'a jamais trempé dans les complots : jamais les fauteurs de révoltes militaires, les sergent Garcia, les Cardero, les O'Donnell, n'ont pu compter sur cette arme fidèle. Donc, M. le maréchal Serrano mis à la tête de l'artillerie, c'est comme qui dirait une vaillante épée mise dans l'impossibilité matérielle de jamais devenir un embarras pour le chef du cabinet. Peut-être afin d'ajouter encore à cette impossibilité, il est question en ce moment de l'envoyer à Cuba. A bout de raisons pour y retenir indéfiniment M. Concha, son héritier présomptif, M. O'Donnell se serait enfin décidé à détromper une fois ce pauvre M. Ros de Olano, son co-héros de Vicalvaro, qu'il a long-temps bercé du fol espoir d'attacher à sa couronne de comte la perle des Antilles.

Ce n'est certes pas avec cette réserve, assez semblable à de la méfiance, que M. O'Donnell en a agi avec ses féaux chevaliers du Camp des Gardes, MM. Dulce et Echague, dont le dévoùment à sa personne lui est trop connu pour qu'il ait hésité à leur livrer les deux plus importants commandements militaires de la péninsule : celui de la Catalogne et celui de Valence. Chacun y dispose d'une petite armée ; cela pourrait mieux valoir au besoin que les contingents fournis par eux en 1854 à l'*idée* vicalvariste. Nous dirons un jour, preuves en main, quelle fut cette idée : la suite de nos études prouvera d'ailleurs jusqu'à quel point cette idée a pu être abandonnée ou simplement modifiée par la suite. Mais continuons. Le brave général Zapatero, inébranlable sur l'ordonnance militaire, ne convenait sans doute pas à Séville; il a été bientôt mis à la retraite. Le général Marchessi, bien que n'ayant pas figuré de sa personne à Vicalvaro, puisqu'il commandait alors en second à Barcelonne, eut le bonheur d'aider à ce mouvement par des manœuvres que ne désavouerait pas M. Dulce lui-même; aussi est-il à cette heure capitaine-général de Madrid. Seulement, comme il ne faut pas dans ce monde trop se fier à personne, on lui a donné pour second, en qualité de gouverneur militaire de Madrid, le propre frère du général O'Donnell, D. Enrique. C'est encore D. Enrique, simple maréchal-de-camp, qui commande en chef les troupes cantonnées aux résidences royales (*sitios*) chaque fois que S. M. quitte sa capitale; cela est toujours plus sûr. A Burgos, c'est aussi un maréchal-de-camp, M. Muños, qui remplit les hautes fonctions de capitaine-général, bien qu'ayant manqué, nous assure-t-on, d'être fusillé à Vicalvaro par l'ordre de M. O'Donnell, et pour ce qu'il y a fait et pour ce qu'il y a dit. Jugez si le chef du cabinet doit se trouver à court de généraux à lui! C'est à ce point qu'ayant fait lui-même un *règlement* pour fixer les catégories des hauts commandements militaires, il se voit tous les jours dans la nécessité de l'enfreindre, faute d'hommes *à lui* dans ces mêmes catégories qu'il a fixées.

Mais à quoi bon continuer sur ce chapitre? La *Guia de Forasteros* est là pour témoigner qu'au militaire comme au civil, M. le général O'Donnell a mis des soins infinis à ne jamais rencontrer, pour ce qui est du personnel au service de l'Etat, que du dévoûment à sa personne. Voilà ce qu'on a surnommé sa politique. Elle est peut-être excellente : qui sait? Nous ne la jugeons pas pour le moment; nous nous bornons à la consigner ici comme l'un des faits les plus curieux de la situation actuelle de l'Espagne.

VII

22 Septembre 1859.

L'introduction du *Messager de Bayonne* a été interdite en Espagne par un simple arrêté ministériel de date toute récente. Cela s'appelle, dans le langage bureaucratique de nos voisins, « un ordre royal » (*real orden*) ; il va sans dire que la volonté auguste de S. M. n'y est pour rien. Il est même plus que probable qu'on se sera bien gardé de porter cet acte arbitraire à la connaissance de S. M., et cela pour deux raisons : la première, c'est que la reine Isabelle possède au plus haut degré le sentiment de la justice et des convenances, et qu'il n'est pas juste du tout de porter atteinte à la propriété et aux droits d'autrui, de même qu'il est fort inconvenant de se fâcher tout rouge contre quelqu'un qui dit la vérité; la seconde, c'est que M. O'Donnell n'aime pas, ne peut même pas souffrir (et ce qu'il vient de faire contre nous en est la preuve évidente entre mille) que S. M. connaisse les jugements sévères qu'on porte sur lui, soit en Espagne, soit partout ailleurs. Il a sans doute ses raisons pour cela. C'est donc un pur et simple abus de la force qu'il s'est permis contre nous, ce qui n'est pas bien : cela est même fort mal, que S. Exc. nous permette de le lui dire, sans compter que cela est parfaitement inutile, vu que depuis sa prohibition, et à cause même de sa prohibition, le *Messager de Bayonne* continue à être introduit en Espagne mieux encore que par le passé. Jamais il n'y a été aussi recherché, jamais on ne l'y a autant lu : c'est au point que nos tirages s'épuisent comme par enchantement. C'est toujours la vieille histoire du fruit défendu. Ce pourrait être pour nous l'occasion d'une excellente affaire, grâces à M. O'Donnell, si ces sortes de spéculations n'étaient aussi contraires à nos goûts qu'elles le sont à nos habitudes.

Mais, pour en revenir à ce qui importe au

but de nos articles, voilà toujours un nouveau *fait* à ajouter à tous ceux dont nous avons entretenu nos lecteurs. Il vient on ne saurait plus à point pour nous donner raison; il peint même sous un nouveau jour, et mieux encore que nous ne saurions le faire, les hommes de l'Union libérale. Usant d'un droit qu'on ne saurait contester dans un pays constitutionnel, nous avons jugé durement les ministres, ou plutôt le seul ministre sérieux de S. M., M. O'Donnell; et ce ministre et ses amis s'écrient en fureur : « Vous avez durement jugé la reine! » Donc, pour M. O'Donnell comme pour ses amis, la reine d'Espagne c'est lui-même; S. M. c'est toujours lui. Cet aveu naïf n'a aucunement besoin de commentaires. Bornons-nous donc à constater le *fait* comme nous avons constaté les autres, et laissons là pour le moment les considérations profondes auxquelles il se prête surabondamment : examinons-le seulement sous son point de vue le plus modeste. Le fait en lui-même est sans doute peu important, nous ne nous le cachons pas; il s'agit d'un journal français qu'on a voulu blesser, dont on a foulé aux pieds les droits les plus légitimes, dont on a tenté de léser les intérêts : ce n'est même pas la peine d'en parler ; la France et les Français étant pour M. O'Donnell, on le sait de reste, chose infiniment insignifiante. Mais, si peu important que le fait soit en lui-même, il réunit à un degré remarquable les caractères propres et essentiels de la situation o'donnelliste. Il est injuste, nous l'avons démontré ; il est ridicule, puisqu'il ne doit aboutir à rien ; il est surtout *personnel*, puisque, cela est évident, il n'a été dicté que dans l'intérêt purement personnel de M. O'Donnell.

L'ordre qui nous prohibe ne dit rien, comme de juste, des motifs de cette prohibition. Quelques journaux ministériels seulement prétendent qu'elle est fondée, comme nous le disions tout à l'heure, sur nos insultes à la Reine. Ceci est tout bonnement une calomnie. Nos lecteurs connaissent le respect profond et sincère dont nous avons toujours entouré le nom de S. M. la Reine d'Espagne ; ils savent que jamais un mot à double entente, jamais une insinuation malveillante, n'est sortie de notre plume contre S. M. ni contre aucune des personnes de son auguste famille. Jamais nous n'avons prêté notre concours aux manœuvres du *murcielago*, cet avant-coureur honteux de la révolte de Vicalvaro. Les amis de M. O'Donnell pourraient-ils tous en dire autant?

D'ailleurs, à quoi bon démentir cette imputation? Outre que ce serait une infamie que de se permettre des *insultes* contre la Reine d'Espagne, il n'y aurait aujourd'hui aucun mérite de notre part à nous en abstenir : la loi qui régit la presse en France ne nous le permettrait pas, lors même que nous serions assez lâche pour vouloir insulter une Reine justement aimée et honorée en Espagne comme chez nous. Non, ce n'est pas chez nous, Dieu merci, qu'il serait possible d'adresser, au moyen de la presse, à un souverain étranger, ces attaques violentes, et parfois grossières, que M. O'Donnell a souvent permis aux journaux qu'il protége d'adresser à notre Empereur au sujet de la paix de Villafranca, par exemple. C'est le seul point sur lequel nous n'userons jamais de représailles : nous nous respectons trop pour cela.

Avons-nous besoin de dire que ce n'est que dans les feuilles notoirement stipendiées par M. O'Donnell que cette calomnie a eu cours? Eclose aux bureaux du *Diario español*, à qui reviennent de droit ces sortes d'initiatives, elle a été avidement accueillie et propagée par son valet politique, le *Clamor publico*, exécuteur en sous-ordre des commissions qui répugnent même au *Diario*. Or, ayant déjà dit à nos lecteurs ce que c'est que le *Diario español*, il faut bien que nous leur disions un peu aussi ce que c'est que le *Clamor*, ne fût-ce que pour nous épargner le déplaisir de nous voir encore nommé dans ses colonnes; car une fois que nous l'aurons fait connaître, et qu'il aura vu que nous en savons long sur son compte et que nous sommes décidé à tout dire, il est à espérer qu'il aura la prudence sinon la pudeur de se taire.

Quelques mois après la chute du régent Espartero et la restauration du parti modéré à la suite du combat de Torrejon d'Ardoz, le *Clamor publico* fut fondé par M. Corradi. Dès le moment de son apparition, cette feuille se posa en organe le plus avancé et le plus absolu du parti progressiste, par opposition aux hommes du vieux libéralisme de 1812 et de 1825, qu'on nommait alors les *santones*. Dirigée par M. Corradi avec un talent remarquable et une fermeté toute castillane, elle réussit à se faire, par ses propres ressources, une clientèle comme on en a vu rarement en Espagne à la suite d'un parti vaincu : le *Clamor publico* devint une puissance; il fut craint, il se fit respecter même de ses adversaires, par la sincérité et le courage de ses convictions. On connait la devise célèbre qu'il avait arborée sur son drapeau : *Plus progressiste aujourd'hui qu'hier; plus encore demain qu'aujourd'hui*, et ainsi de suite. Cela pouvait mener loin, comme on voit; mais c'était là du moins une formule nette, un *Credo* politique plus ou moins acceptable; et tout ce que le parti progressiste comptait alors dans son sein d'hommes jeunes, intelligents et vigoureux, l'accepta avec enthousiasme. Cela dura ainsi tant que M. Corradi fut à la tête du journal. La révolution de 1854 étant survenue, et M. Corradi ayant été appelé à de hautes fonctions diplomatiques, prix mérité de son concours au triomphe des idées qu'il avait constamment défendues, cette direction tomba aux mains de ceux qui la gardent encore aujourd'hui. Jamais plus brusque, jamais plus triste métamorphose ne s'est opérée dans la conduite d'un organe politique, aux yeux d'un parti scandalisé ; ce fut une grande douleur pour tous les progressistes fidèles. Quant à son ancien directeur, M. Corradi, ce fut pour lui comme un malheur de famille : dès-lors, vivant dans la plus grande retraite, exclusivement adonné à ses sérieux travaux historiques, nous dit-on, il se trouve un peu dans la situation d'un honnête homme qui a mis au monde un enfant qui ne lui fait pas honneur ; au contraire. Instantanément cette feuille fut reniée par tous les hommes importants du parti ; elle fut honnie par les masses : plus d'estime publique, plus d'abonnés pour elle. Aussi en est-elle réduite à vivre des aumônes du pouvoir. Et voilà comment le *Clamor*, cet ancien champion du progrès indéfini, est devenu l'organe officiel des *resellados*, dont ses hommes sont eux-mêmes les prototypes les plus révoltants. Jadis maigres et nombreux comme des sauterelles du Nil, ils sont toujours nombreux ; mais ils ne sont plus maigres pour la plupart, les largesses de la révolution et celles de M. O'Donnell les ayant pas mal arrondis : mais à quel prix, grand Dieu ! C'est pitié de les voir à Madrid aujourd'hui, comme en 1854, se traîner à plat ventre, leur placet à la main, dans les antichambres ministérielles, pour y ramasser les morceaux dont les hommes du *Diario* ne veulent pas. Presque tous ils brouttent quelque chose dans les grasses prairies du budget, tout en écrivant des tartines, à leurs moments perdus, pour les journaux du ministère. Pour la plupart, ils en sont réduits à des postes tout-à-fait subalternes; néanmoins, il faut dire qu'il leur est tombé sous la dent, entre autres, deux belles sinécures : ce sont le commissariat des saints lieux et la direction générale d'outre-mer. Voilà apparemment ce qui nous vaut l'honneur des attaques indécentes que le *Clamor* ne cesse de nous prodiguer depuis que nous avons promis à nos lecteurs la biographie de M. O'Donnell.

Et, à ce propos, qu'il nous soit permis de dire un mot aux excitations nombreuses qui nous viennent de tous les points de l'Espagne, afin que nous ne tardions pas davantage à tenir notre promesse. Evidemment, nous la tiendrons, et cela ne tardera pas; mais qu'on nous laisse le choix du moment : il faut que chaque chose vienne en son temps et place.

Tout ce que nous pouvons dire aujourd'hui à nos amis, c'est qu'ils peuvent être assurés qu'ils ne perdront rien pour avoir attendu.

VIII

8 Octobre 1859.

Veut-on savoir pourquoi le *Messager de Bayonne* a été prohibé en Espagne? C'est parce qu'il a dit tout haut ce que l'Espagne pense tout bas, ce que chacun y murmure à l'oreille de son voisin, ce que l'intolérance des majorités fabriquées, Dieu sait comme, ne permet pas de dire à la tribune, ce que les journaux indigènes ne sauraient pas dire non plus, par suite de la censure aussi rigoureuse qu'humiliante à laquelle ils sont assujétis en dépit de la loi, en dépit de la constitution elle-même, laquelle à son tour, depuis l'avènement de M. O'Donnell, n'est plus en Espagne qu'une lettre morte, *un papier mouillé*, comme disent les Espagnols. On serait d'ailleurs mal venu à s'en étonner, car il l'a dit assez souvent au pays devant les cortès constituantes : « Je ne mourrai pas d'un excès de légalité ! » (*de empacho de legalidad*) et, certes, il tient son programme.

« Oh ! si la reine savait ce qui se passe ! » Telle est la formule populaire du malaise et de ces craintes, d'abord instinctives, puis fondées sur des faits malheureusement trop significatifs, dont l'Espagne souffre depuis l'avènement au pouvoir de M. O'Donnell : telle est aussi l'expression ingénue du sentiment monarchique, si vif encore chez nos voisins, malgré tant de rudes épreuves, qui leur fait toujours voir dans le trône la source de tous les biens et le remède de tous les maux. Evidemment, S. M. ignore tout ce qui se commet d'abus en son nom, car on ne saurait mettre, jamais on n'a mis en doute, sa bonté naturelle et l'amour qu'elle porte à son peuple. Nous dirons plus encore : nous aimons à croire, tant nous sommes enclin à la bienveillance, que M. O'Donnell lui-même ne sait pas tout ce qui se fait en son nom au delà des Pyrénées. Des personnes fort attachées à lui, et qui méritent notre entière confiance, nous ont assuré souvent qu'absorbé comme il est par les soins majeurs de se tenir bien cramponné au mât glissant du pouvoir, il est loin de se douter de tout ce que cela coûte de malheurs et de scandales au pays. Pourvu que son ministre de l'intérieur lui fournisse à point nommé les députés qu'il lui commande nominativement; pourvu que ses autres ministres le servent avec la même docilité, il ne s'inquiète pas plus des moyens qui sont mis en œuvre pour obtenir ce beau résultat qu'un bey de Tunis ne se soucie de la façon dont s'y prennent ses agents pour lever les impôts. Ce n'est pas là son affaire : ces détails ne le regardent pas. Or, ce sont précisément ces détails-là qui font le désespoir des populations, généralement livrées comme une proie à quelques influences locales, armées des pouvoirs les plus extraordinaires et des priviléges les plus révoltants. C'est de la part des ministres une véritable abdication : souvent ils ne savent pas eux-mêmes ce que leurs proconsuls (alcaldes ou gouverneurs) se permettent de faire en leur nom. On a de la peine en France à comprendre un pareil état de choses, et pourtant rien n'est plus vrai. Voudra-t-on jamais croire, par exemple, qu'il y a telle province, peu éloignée de nos frontières, où tous les fonctionnaires publics, sans exception aucune, sont les parents ou les domestiques des députés de cette même province, lesquels à leur tour sont encore parents entre eux? Voilà ce qui s'appelle une famille puissante, dans un pays qui n'est pas le sien, où elle ne possède pas un pouce de terrain, mais qui lui a été livré corps et biens afin qu'il soit maintenu par leurs soins dans une abjecte adoration du *grand protecteur* de la Reine, autrement dit M. O'Donnell! Il va sans dire que cette dynastie de députés, silencieux mais bien pensants, donne elle-même l'exemple de cette adoration salutaire, et que ses votes à la chambre basse, c'est le mot, ne laissent rien à désirer.

C'est par de tels moyens, pratiqués sur une grande échelle, qu'on y a fait à M. O'Donnell cette majorité moutonnière sortie on ne sait d'où; car il est à observer que, sauf de bien rares exceptions, tout ce que le pays compte d'influences légitimes dans les districts électoraux a été éloigné comme une peste. La plupart des députés actuels sont parfaitement inconnus dans les districts qu'ils représentent, aussi bien que dans le pays tout entier : c'est pourquoi on les a appelés *cuneros* (enfants trouvés). Jamais, encore une fois, jamais on ne voudra croire hors d'Espagne tout ce qu'il a fallu mettre en jeu de violences et d'escamotages, à désespérer les prestidigitateurs les plus habiles, pour former cette majorité compacte qui a dû reprendre ses travaux le 1.er du courant. Certes, il y a toujours eu des abus criants en Espagne, comme partout, en fait d'élections : nous avouerons sans peine, ou plutôt avec une peine sincère, que l'indifférence ou la docilité excessive des électeurs y offre souvent encore, comme partout, un appât aux tendances envahissantes du pouvoir exécutif; mais on ne saurait méconnaître que ce qu'on y a vu aux dernières élections dépasse non-seulement tout ce qu'on avait jamais tenté en Espagne en matière de coaction, mais encore tout ce qu'il est pénible de s'imaginer de plus fort; il faut, pour y croire, en avoir été le témoin, ou du moins avoir suivi, comme nous l'avons fait, d'un œil attentif et impartial, les *discus-*

sions de la chambre, avoir lu les documents *officiels*, choses que les étrangers font rarement quand ils ne sont pas tenus, comme nous, et par nos devoirs de publiciste consciencieux et par goût, de bien connaître le véritable état de la politique dans un pays. C'est ainsi que nous avons appris des choses tellement incroyables, que nous hésitons parfois à les transmettre à nos lecteurs, par crainte d'être accusé d'exagération ou de malveillance. Voyons un cas entre mille. Croira-t-on jamais en France ni dans aucun pays organisé, que pour combattre au district de Caldas de Reyes, en Galice, l'élection d'un candidat naturel et des plus honorables, M. Alejandro de Castro, ancien gouverneur de Madrid, on a changé quatre fois dans l'espace de trente jours le juge de première instance de ce district? *Quatre différents juges* y ont successivement été envoyés au moment de l'élection; le tout sans profit, soit dit en passant, tant le candidat était naturel. Et il s'est trouvé un ministre *de la justice* pour se jouer à ce point de la justice et du bon sens, et pour compromettre ainsi le nom auguste de S. M., qu'il a dû prendre, de sa propre autorité de ministre, pour expédier les quatre *ordres royaux* successifs qu'a nécessités ce tripotage électoral! Est-ce croyable, ceci? Il est vrai que ce ministre est M. Abello, ou M. Gomez, ou M. Fernandez, ou M. Negrete — comme on voudra le prendre — que nos lecteurs connaissent déjà. Avouez pourtant que ceci est encore bien extraordinaire, ce qui n'empêche pas que ce soit bien vrai, bien *officiel* : voyez plutôt la *Gazette*, voyez le compte-rendu des séances (*Diario de las Sesiones*) publié par le gouvernement lui-même.

A la vue de ces monstruosités et de tant d'autres que nous aimerions à rapporter, ne fût-ce la crainte d'être taxé de faire des récits invraisemblables, on se demande avec un douloureux étonnement quel intérêt peut avoir M. O'Donnell à y prêter le concours de son nom; car enfin ces choses-là ne se font point sans exciter bien des levains de haine, et ce n'est pas à plaisir qu'un homme politique se rend odieux à son pays. On conçoit à la rigueur que les six comparses que M. O'Donnell a affublés du nom sarcastique de *ministres*, afin qu'ils travaillent pour lui et sous lui, jouent ainsi en quelque sorte leur va-tout, car ils savent bien, les malheureux! que désormais pour eux il n'est pas d'avenir hors le service du chef; mais M. O'Donnell, lui, est un ministre sérieux; c'est un homme qui prétend avoir de l'avenir, et beaucoup même, dit-on! Aussi, on ne s'explique pas qu'il les laisse agir de la sorte. Ce n'est pas à plaisir non plus qu'on risque d'amoindrir le prestige de la royauté, surtout lorsqu'on a eu le triste privilége d'avoir foulé cette même royauté aux pieds des chevaux, et d'avoir appris aux soldats comment on acquiert des grades par la révolte armée contre les pouvoirs constitués. Il faut, comme nous le disions tout à l'heure, que M. O'Donnell ignore une grande partie des excès qu'il couvre de son autorité à peu près souveraine, vu que le souverain véritable, la Reine, a déposé en lui, d'après ce qu'il a souvent déclaré aux cortès l'exercice entier du pouvoir. On sait qu'il s'est récemment vanté à la tribune de le garder *au moins huit ans*, ce qui est énorme pour un pays où les ministères de vingt-quatre heures ne sont pas rares.

Une dernière réflexion comme preuve que nous n'avons pas trop favorablement jugé M.

O'Donnell en supposant que ses sacristains lui cachent bien des choses, ou qu'il ne veut pas se donner la peine de les apprendre. — Ce déploiement inusité de l'arbitraire, à quoi lui a-t-il servi jusqu'à ce jour? à quoi peut-il le mener par la suite? En est-il plus fort? Hélas! le télégraphe vient de nous annoncer un fait qui, pour nous, n'a rien de surprenant, que nous avons même fait pressentir dans cet article où nous parlions de la disette de généraux à lui que M. O'Donnell éprouve dans sa haute situation, et qui suffira, nous l'espérons bien, s'il se réalise, à prouver une bonne fois à quel point cette position n'est pas tenable pour lui. Il s'agit de l'envoi d'une forte armée pour le Maroc et du commandement de cette armée, pour lequel on avait parlé de différents généraux : M. Concha, M. Ros de Olano, M. Prim, etc., etc. Eh bien! il paraît que non. Si cette armée va au Maroc, ce qui nous semble encore fort douteux, elle aura l'honneur d'être commandée par M. O'Donnell lui-même. Le chef du cabinet ne saurait, dit-on, sans danger pour lui, confier une armée de 30,000 hommes à qui que ce soit! C'est assurément là un état bien déplorable pour un ministre; mais cela est encore bien plus déplorable pour un pays, eu égard à la subversion des principes les plus vulgaires d'honneur et de discipline militaire et à la faiblesse chronique que cela suppose au sein du parti dominant.

Voilà, avec les désordres administratifs que nous n'avons fait qu'esquisser en partie, avec la levée extraordinaire de *deux milliards* de réaux destinés à des casernes, avec le mépris systématique de la constitution et des lois, les résultats les plus clairs de la politique de M. O'Donnell.

IX

18 Octobre 1859.

En terminant notre dernier article sur la constitution étrange du congrès actuel des députés espagnols, nous parlions de nos doutes au sujet de la guerre avec le Maroc, prônée sur tous les tons par les organes ministériels, et nous disions encore un mot, en passant, d'une levée extraordinaire de deux milliards de réaux, votés pendant la session dernière avec le plus aimable empressement, lesquels deux milliards, selon nous, seraient destinés à des casernes. Or, ces deux opinions, ou plutôt ce *fait* et cette *opinion* (car notre peu de croyance à la guerre du Maroc est une opinion, tandis que la levée extraordinaire des deux milliards est un fait malheureusement trop réel pour l'avenir financier de nos voisins), semblant en quelque sorte se contredire, nous allons essayer de les mettre d'accord au moyen de quelques courtes explications.

Certes, s'il y eut jamais une pensée populaire en Espagne, réunissant à son appui l'assentiment chaleureux de tous les partis, cette pensée est bien celle d'une guerre en Afrique. L'instinct national comprend admirablement, dès les temps d'Isabelle-la-Catholique, que là sont la richesse et la gloire, que là est l'avenir du pays. Telle fut l'idée constante du cardinal Ximenez de Cisneros, le dernier grand homme d'état que l'Espagne ait produit. Malheureusement, — car lorsqu'on parle de l'Espagne, ce mot fatal revient à chaque instant à la bouche, — malheureusement le sûr instinct national a toujours été si contrarié en Espagne, et par les intérêts allemands de la maison d'Autriche et par les intérêts français du premier roi de la maison de Bourbon, que jamais les vues d'aucun gouvernement espagnol ne se sont portées sérieusement sur l'Afrique : Charles III seul en eut un moment la velléité; mais ce ne fut, hélas! qu'une velléité, comme ce roi, si vanté par les philosophes du dernier siècle, en eut tant dans sa vie, mais sans y donner suite.

Non-seulement l'Espagne n'a pas fait des conquêtes sur la côte d'Afrique depuis le XVI.e siècle ; mais encore elle s'est laissé enlever, d'abord par surprise, puis par un traité humiliant, sa plus forte position sur le détroit, avec une partie de son propre territoire sur les bords de la mer d'Afrique : honte ou malheur, comme on voudra l'appeler, qu'on a chaque jour plus de peine à accepter au delà des Pyrénées. Le drapeau britannique arboré sur le rocher de Gibraltar projette la rougeur sur tous les fronts en Espagne. Sa vue y fait bondir de colère et d'indignation tous les cœurs bien placés, et cela doit être, car, outre qu'il leur est bien dur de voir l'étranger installé tranquillement chez eux, à l'abri de formidables batteries, ils sentent bien que tant que ces batteries seront pointées sur le détroit, dont elles tiennent la clé suspendue à leur gueule toujours menaçante, il n'y a pas d'espoir pour eux de dominer sur l'autre bord; heureux encore s'ils peuvent se dire bien en sûreté dans leurs propres ports!

Cet état, infiniment pénible pour l'Espagne,

n'a d'autre issue qu'une guerre, dont le but avoué serait d'asseoir solidement la domination espagnole à l'est de l'Afrique ; aussi l'instinct populaire la demande à grands cris, chaque fois que l'occasion s'en présente, sans être arrêté, loin de là! par la chance que cela entraînerait nécessairement de braver la mauvaise humeur, voire même le déplaisir déclaré de l'Angleterre. C'est surtout depuis que les Riffains, encouragés sans doute par la certitude où ils se croient de n'être point châtiés, ont redoublé leurs outrages envers la garnison de Melilla, que le sentiment national s'est réveillé avec un élan extraordinaire en faveur de la guerre, quelles qu'en puissent être les suites. Vienne une bonne guerre d'Afrique, avons-nous entendu dire tout récemment à des officiers espagnols qui certes ne sont pas les amis de M. O'Donnell, et M. O'Donnell peut être assuré que nous nous ferons tuer volontiers sous les ordres du général, quel qu'il soit, qui viendra nous commander. Si l'Angleterre n'en est pas contente, tant mieux : c'est la meilleure chance qui nous reste de recouvrer Gibraltar. Ce colosse aux pieds d'argile ne nous effraie pas! »

Mais M. O'Donnell, lui, en est considérablement effrayé, pas autant cependant que le paisible et majestueux Don Magnifico, qui, en sa qualité de chef de la diplomatie, se fait un point d'honneur de regarder avec un superbe dédain la dignité nationale. Il s'est laissé dire que les diplomates n'ont point d'entrailles, et il sourit de pitié chaque fois qu'on lui parle des devoirs qu'impose à un pays le soin de maintenir intact l'éclat de son nom. Quant à M. O'Donnell, bien que brave de sa personne, nous nous plaisons à le reconnaître, l'idée d'une guerre où il y a tant de gloire à gagner doit beaucoup lui sourire; mais il redoute énormément toute complication de nature à lui susciter des embarras internationaux, qui pourraient se traduire pour lui en embarras de cour, et, placé dans l'alternative de mécontenter l'ambassade anglaise à Madrid ou de contrarier l'esprit public, il est tout-à-fait dans l'ordre actuel des choses que ce soit l'esprit public qu'on sacrifie.

Voilà l'une des raisons que nous avons toujours eues pour ne pas croire à la guerre d'Afrique; mais elle n'est pas la principale. L'empêchement le plus sérieux qu'il y ait aujourd'hui en Espagne, selon nous, à ce qu'une guerre étrangère soit entreprise sur une grande échelle, c'est l'impossibilité où M. O'Donnell se trouve d'avoir confiance dans les autres généraux : la loi de l'expiation s'accomplit pour lui d'une terrible manière. L'insurrection, dont il s'est tant servi, sans considérer que c'est une épée à deux tranchants d'un emploi fort dangereux; *l'insurrection*, à laquelle il doit tout ce qu'il est en politique, lui apparaît à chaque instant, non pas dans ses rêves, mais bien éveillé, comme un spectre vengeur des lois et de la discipline militaire qu'il a si souvent outragées. Dans cet état, naturellement il se défie de tout le monde : dans chaque maréchal-de-camp qui l'entoure, il voit un homme décidé à devenir, par tous les moyens possibles, lieutenant-général; dans chaque lieutenant-général, il croit voir le chef d'un complot visant au maréchalat. Nous aimons à croire que le révolté de Pampelune et de Vicalvaro se fait une étrange illusion, et que tous les généraux, sans excepter ceux qui appartiennent à l'Union libérale, ne lui ressemblent pas autant qu'il se l'imagine; mais comment irait-il, avec ces idées-là, confier une armée à qui que ce soit? car ce qu'il y a de pénible pour lui dans cet état de surexcitation fébrile à l'endroit de la méfiance, c'est que, s'il doit se méfier de ses adversaires, il a bien plus raison encore de se méfier de ses amis. Plus ils sont entrés en avant dans ses bonnes grâces, plus il doit les redouter, vu que ce sont précisément là ses meilleurs disciples en matière de complots comme en fait de révolte. Il en est même parmi eux qui vont encore plus loin : passés maîtres en trahison, ils pourraient en remontrer sur ce point au comte D. Julian et à Vellido Dolfos, si jamais ils s'avisaient de revenir sur la terre.

Ce n'est pas que M. O'Donnell néglige rien pour contenter son armée : deux milliards de réaux vont être dépensés à lui procurer de belles casernes, et, pour commencer, on en bâtit en ce moment une des plus magnifiques au sommet de la montagne du *Principe-Pio*, à Madrid, juste en face et un peu au dessus du palais de la reine. Cela pourra faire au besoin une excellente citadelle pour tenir en échec non pas la ville, mais le palais, qui est lui-même une sorte de château-fort. Quelques bribes de cette somme, fabuleuse pour un pays aussi appauvri que l'est l'Espagne, seront sans doute destinées à améliorer les routes, à construire quelques édifices civils, à encourager l'agriculture et les arts; mais le ministère de la guerre a déjà jeté son dévolu sur la presque totalité de la somme, et soyez assuré qu'elle y passera; cela ne sera pas long. Tout cet argent s'en ira en fortifications, en beaux uniformes, et surtout en fumée; mais cette fumée ne sera pas produite par des coups de canon tirés contre les Maures.

Que pouvaient faire les *ministres* que vous savez devant la volonté toute-puissante de M. O'Donnell? Et voilà comment il n'y a pas de contradiction entre notre incrédulité au sujet de la guerre et notre croyance à la destination toute militaire des milliards votés par la plus complaisante des majorités, tant au congrès qu'au sénat; car ce haut corps de l'Etat, naguère encore si respectable, mais enrichi outre mesure par de scandaleuses fournées de nouveaux sénateurs dévoués à M. O'Donnell, est devenu lui-même une vaste officine, aussi docile pour le pouvoir que lourde pour le budget.

C'est le sort de M. O'Donnell d'affaiblir tout

ce qu'il touche. Il a le premier mis le trône à la merci des faiseurs de barricades en 1854; il a mitraillé le parlement en 1856; il a fait pis que le mitrailler en 1858, il l'a déconsidéré par la manière la plus révoltante dont les élections se sont faites; et aujourd'hui il étouffe l'enthousiasme du pays pour une guerre éminemment nationale, par une conséquence fatale de la faiblesse qu'il s'est faite au sein de l'armée : tout est devenu faible autour de lui. C'est le résultat funeste de ce qu'il nomme sa politique; mais ce qui est encore bien plus faible que tout le reste, c'est lui-même.

RIGNON.

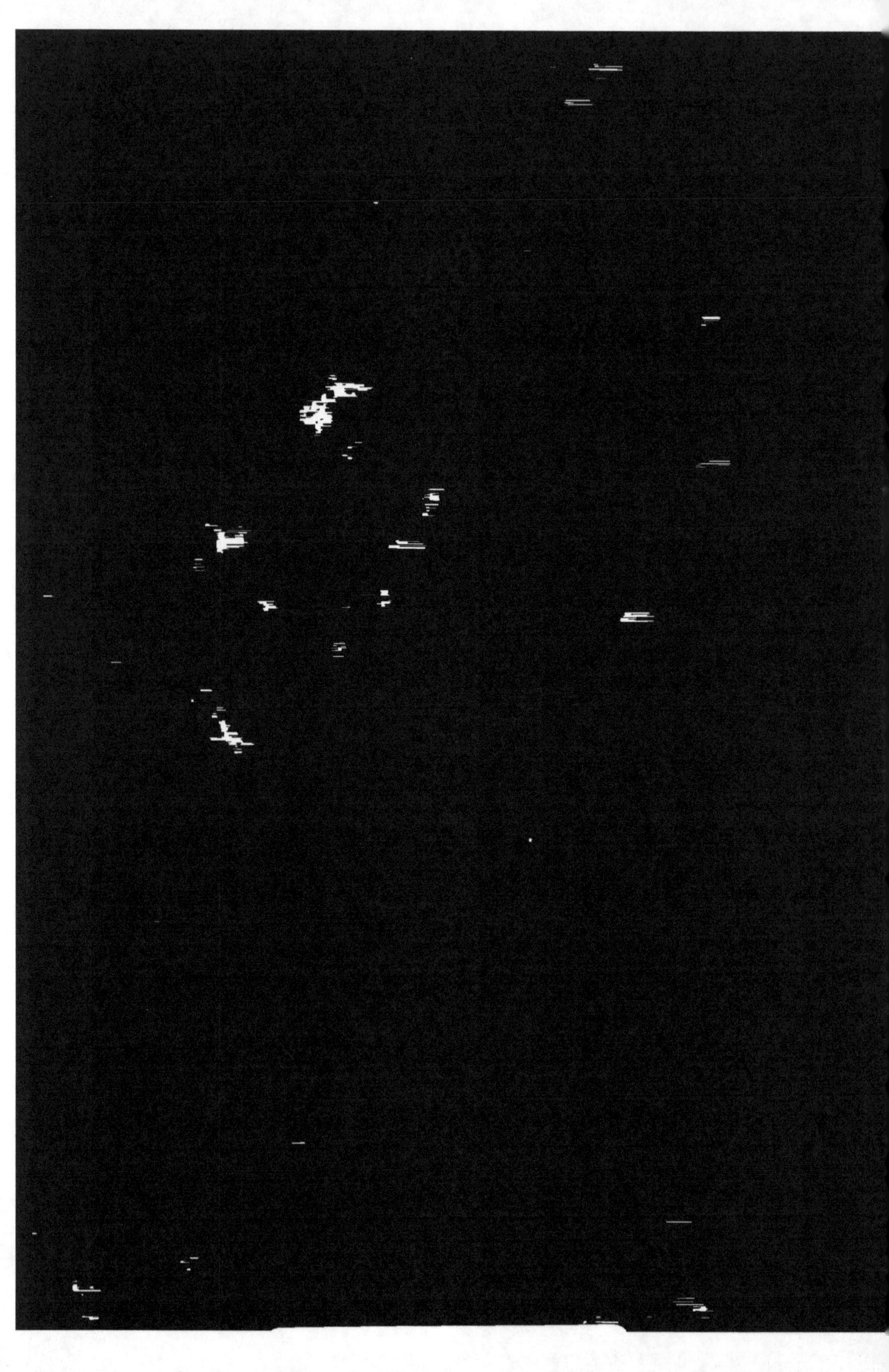

www.ingramcontent.com/pod-product-compliance
Lightning Source LLC
LaVergne TN
LVHW020409230826
846091LV00004B/1208

9782012459854